Karin Heiduck

Erlebnisgesellschaft und Risikogesellschaft - Zwei Gegenwartsdiagnosen im Vergleich

Karin Heiduck

Erlebnisgesellschaft und Risikogesellschaft - Zwei Gegenwartsdiagnosen im Vergleich

GRIN Verlag

Bibliografische Information der Deutschen Nationalbibliothek: Die Deutsche Bibliothek
verzeichnet diese Publikation in der Deutschen Nationalbibliografie; detaillierte bibliografische Daten sind im Internet über http://dnb.d-nb.de/ abrufbar.

1. Auflage 2008
Copyright © 2008 GRIN Verlag
http://www.grin.com/
Druck und Bindung: Books on Demand GmbH, Norderstedt Germany
ISBN 978-3-640-22712-9

FernUniversität in Hagen

Sommersemester 2008

Schriftliche Hausarbeit
im Bachelor-Studiengang
Kulturwissenschaften
Modul 7

Thema der Hausarbeit:

Erlebnisgesellschaft und Risikogesellschaft

Zwei Gegenwartsdiagnosen im Vergleich

vorgelegt von:

Karin Heiduck

Linz, 10. September 2008

Inhaltsverzeichnis

1. Einleitung

Soziologische Gegenwartsdiagnosen leisten einen wichtigen Beitrag zur „soziologischen Aufklärung" der Gesellschaft über sich selbst. Sie bemühen sich in kritischen Momenten um eine Standortbestimmung und haben dabei nicht eine einzelne (nationale) Gesellschaft im Auge, sondern zumindest die post-moderne westliche Gesellschaft (Schimank 2000: 13).

Zwei Gegenwartsdiagnosen, die die gesellschaftlichen Verhältnisse der Bundesrepublik Deutschland Mitte der 1980er Jahre untersuchen, stehen im Mittelpunkt dieser Hausarbeit: Ulrich Becks „Risikogesellschaft. Auf dem Weg in eine andere Moderne" von 1986 und Gerhard Schulzes „Die Erlebnisgesellschaft. Kultursoziologie der Gegenwart" von 1992.

Der erste zentrale Ausgangspunkt für Ulrich Becks makrosoziologische Analyse ist die Konfrontation der Gegenwartsgesellschaft mit den von ihr selbst verursachten Modernisierungsrisiken sowie die Verteilungslogik dieser latenten Nebenfolgen der fortgeschrittenen Industriegesellschaft. Als zweite wichtige Dimension betrachtet Beck die Enttraditionalisierung der industriegesellschaftlichen Lebensformen, die dem Einzelnen sowohl neue Freiheiten und Handlungsspielräume als auch neue Risiken und Unsicherheiten durch Freisetzung aus traditionellen Bindungen beschert (1986: 115).

Gerhard Schulze untersucht in seiner empirisch-mikrosoziologischen Analyse die alltagsästhetischen Handlungen einer Repräsentativstichprobe aus dem Stadtgebiet Nürnberg, wobei er sich vor allem auf die Bereiche *Konsum* und *Freizeit* konzentriert. Sein Ziel ist die Rekonstruktion intersubjektiver Strukturen der bundesdeutschen Gegenwartsgesellschaft. Individualisierung bedeutet für Schulze „nicht Auflösung, sondern Veränderung von Formen der Gemeinsamkeit" (2005: 24). Gemeinsam ist den Akteuren der Erlebnisgesellschaft innenorientiertes Denken und Handeln sowie das Streben nach einem „schönen, interessanten, subjektiv als lohnend empfundenen Leben[.]" (2005: 37).

Obwohl Beck und Schulze die bundesdeutsche Gesellschaft von verschiedenen Perspektiven und mit unterschiedlicher Schwerpunktsetzung betrachten, zeigt ein Vergleich der beiden Diagnosen in vielen Punkten Überschneidungen bzw. Ergänzungen. Diese sollen in der vorliegenden Hausarbeit in folgenden Schritten beleuchtet werden:

Das zweite Kapitel dieser Hausarbeit stellt Becks Risikogesellschaft in groben Zügen vor, wobei der Schwerpunkt nicht auf die Modernisierungsrisiken und deren Verteilungsproblematik, sondern auf „gesellschaftliche, biographische und kulturelle Risiken und Unsicherheiten" (Beck 1986: 115) gelegt wird, die sich für die Individuen durch das Brüchigwerden des sozialen Binnengefüges der Industriegesellschaft ergeben. Eingehender betrachtet werden die Enttraditionalisierung und das Verschwimmen der sozialen Schichten, die fortschreitende Individualisierung, die Herausbildung neuer Handlungsstrategien sowie die von Beck vorgeschlagenen Wege aus der Risikogesellschaft. Ergänzt wird Becks 1986 veröffentlichte Diagnose durch aktuelle Gedankengänge, die seinem 2007 erschienenen Buch „Weltrisikogesellschaft" entnommen sind.

Das dritte Kapitel rückt Schulzes Erlebnisgesellschaft ins Zentrum der Betrachtung. Nach einer kurzen Beschreibung der Ausgangssituation seiner Untersuchung werden der Wandel von außenorientierter hin zu innenorientierter Handlungsrationalität sowie die Erlebnisorientierung, die den Fokus auf das „Projekt des schönen Lebens" richtet, untersucht. Beleuchtet werden des weiteren die Herausbildung neuer Strukturen in einer Gesellschaft, in der Individualität und Kollektivität parallel existieren, sowie die von Schulze aufgezeigten Wege aus der Erlebnisgesellschaft. Schulzes Analyse aus dem Jahr 1992 wird ergänzt durch Gedanken, die er im Jahr 2005 der Neuauflage seines Buches „Die Erlebnisgesellschaft" vorangestellt hat.

Das vierte Kapitel bündelt zentrale Aspekte beider Diagnosen und stellt sie einander vergleichend gegenüber. Schwerpunkte bilden dabei die Enttraditionalisierung der Moderne, die Individualisierung, die Herausbildung veränderter Handlungsstrategien und neuer Gesellschaftsstrukturen sowie die von Beck und Schulze aufgezeigten Wege aus der Risiko- bzw. Erlebnisgesellschaft.

Das fünfte Kapitel fasst die zentralen Erkenntnisse dieser Hausarbeit zusammen.

2. Die Risikogesellschaft

2.1. Ausgangssituation

Ulrich Beck verfolgt mit seiner Untersuchung das Ziel, „gegen die *noch* vor-herrschende Vergangenheit die sich heute schon *abzeichnende Zukunft* ins Blickfeld zu heben" (1986: 12).

Im Gegensatz zu Schulzes Gegenwartsdiagnose, die auf eigenen empirischen Erhebungen basiert, beruht Becks Blick in die „sich heute schon *abzeichnende* Zukunft" auf einer Auswertung vorhandenen Datenmaterials.[1]

Ausgangssituation für seine Diagnose ist die Annahme eines Bruchs innerhalb der Moderne, der die Konturen der klassischen Industriegesellschaft auflöst und einen Wandel von *einfacher* zu *reflexiver* Moderne in Gang setzt. War die *erste, einfache* Moderne geprägt von der Entwicklung von der Agrar- zur Industriegesellschaft, so bedeutet die *zweite* oder *reflexive* Moderne den Übergang in die Risikogesellschaft (1986: 13-15). Als *reflexiv* bezeichnet Beck diese Stufe der Modernisierung, weil es innerhalb der Gesellschaft zu einer Bewusstwerdung der von der Industriegesellschaft mitproduzierten latenten Nebenfolgen kommt.

In dieser *zweiten* Moderne ist die Überwindung der Mangelgesellschaft durch Verringerung echter materieller Not gelungen. Ein „*kollektives Mehr*" an Einkommen, Bildung, Mobilität, Recht, Wissenschaft und Massenkonsum" ist zu beobachten. Die Klassengesellschaft wird durch den „*Fahrstuhl-Effekt*" insgesamt um eine Etage höher gefahren, wobei die Ungleichheitsrelationen zwischen den großen Gruppen der Gesellschaft unverändert bleiben (1986: 121-122).

Gleichzeitig mit der Verbesserung des Lebensstandards ist ein Bewusstwerden von Selbstbedrohungspotentialen und Risiken in bis dahin unbekanntem Ausmaß zu konstatieren (1986: 25). Unter „Risiko" versteht Beck die Antizipation einer Katastrophe, die weder räumlich, zeitlich noch sozial bestimmt ist (2007: 29). In diesem Bewusstwerdungsprozess kommt einerseits dem höheren Bildungsniveau und andererseits den Medien zentraler Stellenwert zu. Lau sieht die „Publikationsdichte zur Risikothematik und de[n] öffentliche[n]

---

[1] Becks These zur Individualisierung in der Risikogesellschaft beruht auf einer Sekundärauswertung vorhandener empirischer Befunde, die nach Schimank hinsichtlich der Interpretation der verfügbaren Daten auf heftigen Widerstand gestoßen ist (2000: 12).

Sprachgebrauch [als] Indikatoren dafür, daß Wirklichkeit in zunehmendem Maße nach einem *Schematismus von Sicherheit und Gefahr* kognitiv strukturiert und wahrgenommen wird" (1989: 418).

Für Beck ist die Risikogesellschaft *"keine Option*, die im Zuge politischer Auseinandersetzungen gewählt oder verworfen" werden könnte. Sie entsteht "im Selbstlauf verselbständigter, folgenblinder, gefahrentauber Modernisierungsprozesse" (1993: 36).

Gefährdungen für das Individuum finden sich nach Beck nicht nur in Form von Modernisierungsrisiken, z. B. als atomare Bedrohung oder Umweltverschmutzung auf ökologischer Ebene. Er sieht den Einzelnen in der *zweiten* Moderne auch bedroht durch gesellschaftliche, biographische und kulturelle Unsicherheiten, die in engem Zusammenhang stehen mit der Freisetzung aus den Sozialformen der industrialisierten Gesellschaft. Diese Veränderungen erfordern einerseits, dass die Individuen neue Handlungsstrategien entwickeln und andererseits, dass sie sich in neue (institutionelle) Abhängigkeiten begeben. Parallel zur Individualisierung beobachtet Beck das Entstehen neuer sozialer Zusammenschlüsse (1986: 119).

Das Zusammenspiel der Verteilungslogik von Modernisierungsrisiken auf der einen Seite und das Brüchigwerden des sozialen Binnengefüges auf der anderen Seite machen für Beck die soziale und politische Dynamik der Risikogesellschaft aus (1986: 115).

2.2. Enttraditionalisierung und das Verschwimmen der sozialen Schichten

Nach Beck sind wir Augenzeugen eines gesellschaftlichen Bruchs innerhalb der Moderne. Vor dem Hintergrund eines seit dem Zweiten Weltkrieg entstehenden hohen Niveaus an wohlfahrtsstaatlichen Sicherheiten und materiellem Lebensstandard werden Individuen aus traditionellen industriegesellschaftlichen Sozialformen - Klasse, Schicht, Familie, Geschlechtslagen von Männern und Frauen - freigesetzt (1986: 115).

Beck bezeichnet diesen Prozess, der einerseits die persönlichen Handlungsspielräume des Einzelnen erweitert und andererseits neue Risiken wie Arbeitslosigkeit, Versorgungsengpässe im Alter bzw. für Alleinerziehende mit sich bringt, als *Individualisierung*.

Als Ursachen für die Auflösung traditioneller Strukturen betrachtet Beck den wirtschaftlichen und industriellen Aufschwung der 1950er und 1960er Jahre, die Bildungsexpansion, die sozial- und wohlfahrtsstaatliche Absicherung des Einzelnen sowie die gestiegene Bedeutung von Konsum und Freizeit. Mit den neuen Handlungsspielräumen ging die Lockerung traditioneller Normen und Werte einher. Die alten Verteilungskonflikte zwischen Besser- und Schlechtergestellten verloren ihre prägende Wirkung im Alltagsleben, Klassen und Schichten büßten ihre Gruppen konstituierende und sozial integrierende Funktion ein (Volkmann 2006: 231).

Von der allgemeinen Anhebung des Bildungsniveaus profitierten nicht nur die Nachkommen der Arbeiterschicht, sondern vor allem die Frauen, denen sich erstmals die Möglichkeit eines nahezu gleichberechtigten Eintritts in den Arbeitsmarkt bot. Gleichzeitig eröffnete der expandierende Dienstleistungssektor Angehörigen der unteren sozialen Schicht, die über keine höheren Schulabschlüsse verfügten, berufliche Aufstiegsmöglichkeiten (Beck 1986: 125-128).

Die Zunahme an Geld und Freizeit führte zu einer Durchmischung der „traditionalen Tabuzonen klassen- und familienbestimmten Lebens". Der „Fahrstuhl-Effekt" ermöglichte den unteren sozialen Schichten eine Teilhabe an früheren Privilegien der Mittel- und Oberschicht. Das Geld ließ die Grenzen der sozialen Kreise im Massenkonsum verschwimmen. An die Stelle von Klassengrenzen traten ungleiche Konsumstile in Einrichtung, Kleidung, Massenmedien, persönlicher Inszenierung usw. (1986: 124-125).

Ständisch geprägte Sozialmilieus und klassenkulturelle Lebensformen verblassten und traten für die Handlungsstrategien der Menschen in den Hintergrund. Individualisierung ging einher mit der „Aufhebung der lebensweltlichen Grundlagen eines Denkens in traditionalen Kategorien von Großgruppengesellschaften" (1986: 117).

Die Lebensbedingungen wurden immer differenzierter und immer weniger typisch für bestimmte soziale Schichten. Vor allem die zunehmende soziale Mobilität „wirbelt die Lebenswege und Lebenslagen der Menschen durcheinander" und verhindert schichttypische Biographien. „Die Lebenswege der Menschen verselbständigen sich gegenüber den Bedingungen und Bindungen, aus denen sie stammen". Der Wegfall ehemals strukturierender

Determinanten lässt neue Lebensstile „jenseits von Klasse und Schicht" entstehen (1986: 121-125).

Trotz der Pluralisierung der Sozialstruktur betrachtet Beck die Risikogesellschaft als eine geschichtete bzw. eine Klassengesellschaft, was er mit der Metapher des „Fahrstuhl-Effekts" zum Ausdruck bringt. Die Ungleichheitsrelationen sind in der Bundesrepublik Deutschland nahezu unverändert geblieben, allerdings insgesamt nach oben verschoben worden. Im Gegensatz zu früheren Zeiten sind jedoch die Verteilungsmaßstäbe nicht mehr klar zu erkennen (Volkmann 2006: 232).

Nach Beck verändert sich im Wandel von der Klassen- zur Risikogesellschaft auch die Qualität der Gemeinsamkeiten. In der Klassengesellschaft sind die Menschen durch die Gemeinsamkeit der Not verbunden, in der von ökologischen Gefährdungen bedrohten Risikogesellschaft rücken die Gemeinsamkeit der Angst und der kollektive Wunsch nach Sicherheit in den Vordergrund. Risiken und Gefahren machen vor gesellschaftlichen Klassen nicht Halt, was Beck mit der Formel „*Not ist hierarchisch, Smog ist demokratisch*" auf den Punkt bringt. Beck betont die integrierende Wirkung globaler ökologischer Katastrophen und Modernisierungsrisiken und sieht aus der Solidarität der Angst eine politische Kraft erstehen. Für ihn ist im Jahr 1986 allerdings noch „völlig unklar, wie die Bindekraft der Angst wirkt", wie sich die neue „Solidargemeinde der Ängstlichen" verhält und welche Motivationen und Handlungsenergien sie freisetzen wird (1986: 48 bzw. 65-66).

2.3. Individualisierung

Unter *Individualisierung* versteht Beck die Herauslösung des Individuums aus traditionellen industriegesellschaftlich geprägten Bindungen vor dem Hintergrund wachsenden Wohlstandes. Die institutionellen Konstanten der *ersten* Moderne - Normalarbeitsverhältnis und Familie - werden durch individuell gewählte Lebensentwürfe verdrängt (Deutschmann 2006: 61).

Beck beleuchtet zwei Kristallisationspunkte für Freisetzungen, die sich auf den Reproduktionsbereich beziehen:

Zum einen beschäftigt er sich mit der Herauslösung des Individuums aus den ständisch geprägten sozialen Klassen, die im vorigen Kapitel kurz beschrieben wurde. Zum anderen

konstatiert er eine gravierende Veränderung der Lage der Frauen, die das „gesamte familiale Bindungs- und Versorgungsgefüge unter Individualisierungsdruck bringt" (1986: 208-209).

Der Zuwachs an verfügbarem Haushaltseinkommen ist zum Teil auf einen Anstieg der Frauenerwerbstätigkeit zurückzuführen. Diese ist einerseits eine Folge der Bildungsexpansion der 1960er und 1970er Jahre, andererseits eine Folge der zunehmenden Abhängigkeit der Frauen von einem eigenen Einkommen, vor allem im Hinblick auf steigende Scheidungsraten und die damit verbundene Unsicherheit einer finanziellen Absicherung.

Dieses „selbstverdiente Geld" der Ehefrauen hat nicht nur materiellen Wert, sondern auch sozialen und symbolischen. Indem es die „Hausarbeitslosigkeit des Mannes" zu einem Familienpolitikum" macht und damit die traditionellen „Machtbeziehungen in Ehe und Familie" in Frage stellt, entfaltet es „soziale Sprengkraft" (1986: 126-127).

Für die Frauen ist die Entscheidung zu eigenem Geld verbunden mit der Aufgabe (finanzieller) Unselbständigkeit und der Aussicht, „den ihnen zugewiesenen Status eines „sogar sprechenden Küchenmöbels" auch einmal verlassen zu können". Der Eintritt ins Erwerbsleben erfordert jedoch Ausbildung, Mobilität und Flexibilität, z. B. im Hinblick auf Arbeitszeit und -ort.

Auch für den Mann birgt die Berufstätigkeit der Frau Freiheiten und zugleich Unsicherheiten: Auf der einen Seite wird er vom Druck, als Alleinerhalter für die Familie zu sorgen, entlastet. Auf der anderen Seite kommen durch die Neuverteilung der Aufgaben in Haushalt und Kinderbetreuung neue Verpflichtungen auf ihn zu (1986: 169).

Neben diesen beiden Kristallisationspunkten für Freisetzungen mit Ausgangspunkt in der Reproduktionssphäre beleuchtet Beck den Bereich der Produktion. Die Entwicklungen auf dem Arbeitsmarkt betreffen beide Geschlechter. Beck attestiert einerseits einen „Umbruch im Verhältnis von Arbeit und Leben" und meint damit: „[m]ehr Lebenszeit insgesamt, weniger Erwerbsarbeitszeit und mehr finanzielle[n] Spielraum", die Eckpfeiler des „Fahrstuhl-Effekts". Dieser Freisetzungsschub tangiert vor allem die Lebensbedingungen der Menschen außerhalb der Erwerbsarbeit und lässt durch das Mehr an finanziellen und zeitlichen Möglichkeiten sowie durch die Verlockungen des Massenkonsums „die Konturen traditionaler Lebensformen und Sozialmilieus verschwinden" (1986: 124).

Seit den 1980er Jahren beobachtet Beck andererseits einen „Fahrstuhl-Effekt *nach unten*" (1986: 143). Durch die Entstandardisierung von Erwerbsarbeit entstehen erhöhte Anforderungen an die Mobilität der Arbeitnehmer sowie „neuartige Formen flexibler, pluraler Unterbeschäftigung" (1986: 209). Lebensläufe werden „vielfältiger, gegensätzlicher, brüchiger, unsicherer, auch für katastrophale Einbrüche anfälliger" (1986: 149). Aus „institutionelle[n] und lebensgeschichtliche[n] Vorgaben entstehen gleichsam *Bausätze biographischer Kombinationsmöglichkeiten*", für die Peter Gross den Terminus *Bastelbiographie* prägte (1986: 217).

Keine Qualifikation kann mehr sicheren Schutz vor Arbeitslosigkeit bieten. Nachdem die Menschen aus traditionellen Bindungen freigesetzt wurden, wird Arbeitslosigkeit jetzt nicht mehr als Klassen-, sondern als Einzelschicksal empfunden (1986: 148).

2.4. Die Herausbildung neuer Handlungsstrategien

Individualisierung geht nach Beck einher „mit einer Vereinheitlichung und Standardisierung der Existenzformen" (1986: 213). Einerseits werden die Individuen aus Klassenbedingungen und Versorgungsbezügen der Familie herausgelöst und verstärkt auf sich selbst und ihr individuelles (Arbeitsmarkt-) Schicksal verwiesen, andererseits treten an die Stelle traditioneller Bindungen und Sozialformen neue Abhängigkeiten: die Zwänge des Arbeitsmarktes, der Konsumexistenz und der in ihnen enthaltenen Standardisierungen und Kontrollen, die den Einzelnen „zum Spielball von Moden, Verhältnissen, Konjunkturen und Märkten machen" (1986: 211).

Die innergesellschaftlichen Normen und Orientierungshilfen, die den Individuen bislang Verhaltenssicherheit gegeben haben, gelten nicht mehr. Durch die Individualisierung sozialer Ungleichheit wird der Einzelne „innerhalb und außerhalb der Familie zum Akteur [seiner] marktvermittelten Existenzsicherung, [...] Biographieplanung und -organisation" und muss neue Handlungsstrategien entwickeln, um soziale Position, Lebenslauf und Lebensstil aktiv zu beeinflussen (1986: 209).

Durch bessere Bildung und die Bereitschaft zu Mobilität kann die Gefahr der Arbeitslosigkeit, die nun nicht mehr als Klassenschicksal, sondern als *persönliches* Versagen erlebt wird, vom Individuum abgeschwächt werden. Die traditionelle Rollenverteilung in Haushalt und

Kindererziehung bzw. -betreuung verschwimmt durch den Eintritt der Frauen ins Erwerbsleben, so dass die Aufgaben in diesem Bereich neu verteilt und im „dauernden Jonglieren mit auseinanderstrebenden Mehrfachambitionen" auch hier neue Handlungsstrategien herausgebildet werden müssen (1986: 184-189).

2.5. Wege aus der Risikogesellschaft

Beck fordert ein *„aktives Handlungsmodell des Alltags"*, in dem der Einzelne sich selbst als Handlungszentrum begreift. Gesellschaftliche Determinanten, die in das eigene Leben hinein reichen, müssen als „Umweltvariable" wahrgenommen werden, die durch individuelle Maßnahmen abgeschwächt, unterlaufen oder außer Kraft gesetzt werden (1986: 217).

Die (Berufs-)Politik darf nicht länger als einziger oder zentraler Ort betrachtet werden, an dem über die gesellschaftliche Zukunft entschieden wird. Durch bewusste Wahrnehmung und Gestaltung der Handlungsspielräume, die die Moderne ihnen bietet, sind Individuen dazu aufgerufen, institutionalisierte Sachzwänge in Frage zu stellen und ihnen entgegenzuwirken (1986: 371-372). Volkmann sieht in der „Eigenverantwortlichkeit der Akteure im Hinblick auf ihr Leben [...] letztlich die Chance, die Dynamik der Risikogesellschaft zu durchbrechen" (2000a: 32).

2.6. Die Weltrisikogesellschaft des Jahres 2007

Beck bezeichnet die Prognosen, die „vor 20 Jahren überzeichnet erschienen", in seinem 2007 veröffentlichten Buch „Weltrisikogesellschaft. Auf der Suche nach verlorener Sicherheit" als „Realitätsdrehbuch" (2007: 9). Die Gesellschaft ist bedroht durch Gefahren, die „industriell erzeugt, ökonomisch externalisiert, juristisch individualisiert, naturwissenschaftlich legitimiert und politisch verharmlost" werden (2007: 177-178).

Im „Atom-, Chemie-, Gen- und Terrorzeitalter" sieht Beck den Versicherungsschutz für den schlimmst denkbaren Fall nicht nur im ökonomischen, sondern auch im gesellschaftlichen, medizinischen, psychologischen, kulturellen und religiösen Sinne außer Kraft gesetzt. Er betrachtet die Weltrisikogesellschaft als versicherungslose Gesellschaft, deren Versicherungsschutz paradoxerweise mit der Größe der Gefahr abnimmt (2007: 61). Durch den zentralen Stellenwert der Antizipation und Verhinderung der selbst erzeugten

Katastrophen entstehen wachsende Märkte für Technologien, Experten, Gegen-Experten und Produkte, die die Weltrisikogesellschaft zum „*big business*" werden lassen (2007: 100).

Beck sieht in der Weltrisikogesellschaft insbesondere die ohnehin Unterprivilegierten vom Katastrophenrisiko verfolgt. Durch soziale Prozesse und Verhältnisse entsteht ein ungleiches Ausgeliefertsein an Risiken. Als Beispiel führt er die von Schwarzen bewohnten Viertel in New Orleans an, die durch den Hurrican Katrina aufgrund ihrer sozialen Verwundbarkeit besonders arg getroffen wurden (2007: 317 bzw. 113).

Beck bemerkt im Alltagsleben der Weltrisikogesellschaft einen neuen Individualisierungsschub. Nach dem Scheitern der Experten beim Risikomanagement und dem Abschieben der Verantwortung in den Zuständigkeitsbereich des Konsumenten muss das Individuum in einem Pluralismus von Interpretations-angeboten eigene Entscheidungen treffen, z.b. als „verantwortlicher Konsument" über den Verzehr gentechnisch veränderter Lebensmittel und dessen unvorhersehbare Konsequenzen (2007: 107).

3. Die Erlebnisgesellschaft

3.1. Ausgangssituation

Gerhard Schulze verfolgt mit seiner 1992 vorgelegten kultursoziologischen Studie zur Erlebnisgesellschaft die Absicht, „[n]eue soziale Strukturen zu beschreiben und von den kulturtypischen existenziellen Problemen her zu verstehen" (2005: 15).

Unter Erlebnisgesellschaft versteht Schulze eine „Sozialwelt unter der Regie der Innenorientierung" (2005: VI), für deren Aufbau den Erlebnissen zentrale Bedeutung zukommt (2005: 15). Seine Analyse setzt an der gesellschaftlichen Mikroebene an mit dem Ziel, „intersubjektive Muster nicht nur des manifesten Handelns, sondern auch des Denkens und des Fühlens" der gegenwärtigen Gesellschaft zu rekonstruieren (2005: 24).

Schulzes Studie basiert, im Gegensatz zu den meisten Gegenwartsdiagnosen, auf einer groß angelegten empirischen Untersuchung. Im Rahmen einer standardisierten Befragung im Jahr 1985 wurde das Konsum- und Freizeitverhalten von 1.014 Haushalten aus dem Nürnberger Stadtgebiet als repräsentative Stichprobe für die westdeutsche Gesellschaft erhoben.

Ausgangspunkt für Schulzes Diagnose ist die Beobachtung einer veränderten Beziehung der Menschen zu Gütern und Dienstleistungen seit der Nachkriegszeit, eine Verschiebung von der Überlebensorientierung hin zur Erlebnisorientierung (2005: 34). Nicht mehr dem Gebrauchswert eines Angebotes kommt zentrale Bedeutung zu, sondern dem Erlebniswert. Die neue Basisorientierung des Erlebens ist zur Selbstverständlichkeit (2005: 55), das Leben zum „Erlebnisprojekt" geworden, wobei die Wahl zwischen Möglichkeiten durch den erwarteten Erlebniswert der gewählten Alternative motiviert ist (2005: 13).

Die Erweiterung der Handlungsspielräume durch Ansteigen des Lebensstandards, Zunahme der Freizeit, Expansion der Bildungsmöglichkeiten, technischen Fortschritt, Auflösung starrer biographischer Muster sowie eine Angebotsexplosion führt nach Schulze jedoch nicht zu einer Vereinfachung des Lebens, sondern zu der Schwierigkeit, ein sinnvolles Leben zu führen. Im Entscheidungssog zwischen einer unüberschaubaren Anzahl von Alternativen entwickelt der Einzelne ein ästhetisches Orientierungs- und Anlehnungsbedürfnis und öffnet sich Schematisierungen. Ein rasant wachsender Erlebnismarkt beeinflusst kollektive Erlebnismuster und lässt soziale Milieus als Erlebnisgemeinschaften entstehen (2005: 34).

3.2. Innenorientierte Handlungsrationalität - Erlebnisorientierung

Schulze sieht das Handeln der Individuen von der Nachkriegszeit bis hinein in die 1960er Jahre primär außenorientiert, d. h. auf die Situation gerichtet. Bei Konsumentscheidungen wurde das Augenmerk auf den primären Gebrauchswert sowie auf die Qualität der Güter gelegt. Mit steigendem Wohlstandsniveau, breiter werdender Angebotspalette und Perfektionierung der Produkte hinsichtlich Qualität und Funktionalität verloren die Kategorien *Nutzen, Qualität* und *Reichtum* ihre orientierende Funktion (Volkmann 2000b: 76-77).

In der Erlebnisgesellschaft werden nicht die Güter an sich nachgefragt, sondern die Erlebnisse, die durch ihren Konsum hervorgerufen werden. Durch die Aufhebung der situativen Begrenzungen durch die Zunahme an Geld, Eigentum, Bildung sowie hilfreichen sozialen Beziehungen besteht für das Individuum keine unmittelbare Notwendigkeit mehr, sich mit einer Situation zu arrangieren bzw. verändernd auf sie einzuwirken. In einem großen Möglichkeitsraum bildet sich die neue Handlungsform des Wählens, das „Umgehen mit situativen Alternativen" (Schulze 1992: 68) heraus und lässt eine von Grund auf neue Sozialwelt entstehen (2005: 48). Die Situationsarbeit, kennzeichnend für die einwirkende

Existenz, wird abgelöst durch das Situationsmanagement der wählenden Existenz, „das Nehmen und Entsorgen von Lebensumständen" (1993: 408). An die Stelle außenorientierter Konsumentscheidungen tritt eine Nachfrage aus innenorientierter Motivation, d. h. das Individuum beabsichtigt mit seiner Entscheidung das Auslösen von Prozessen, die sich in ihm selbst vollziehen und ihm ein als schön empfundenes Erlebnis bereiten (2005: 38).

Schulze geht von einer „modernen Basismotivation der Erlebnisorientierung" (2005: 22) aus, bei welcher „die Gestaltungsidee eines schönen, interessanten, subjektiv als lohnend empfundenen Lebens" zu einem Massenphänomen wird (2005: 37). Unter *Erlebnis* versteht er Eindrücke von außen, die erst durch Integration in einen schon vorhandenen subjektiven Kontext zu subjektbestimmten, reflexiven und unwillkürlichen Vorgängen der Verarbeitung werden (2005: 44-46).

Schulze bestimmt den Begriff der Erlebnisorientierung durch die Gegenüberstellung von Innen- und Außenorientierung. Erlebnisorientierte Handlungen von Individuen zielen zunehmend auf psychophysische Prozesse in ihnen selbst, die als schönes Erlebnis gedeutet werden können, und immer weniger auf Ziele in der Außenwelt. Im Gegensatz zum außenorientierten Konsum kann hier der Nutzen eines Gutes nur vom Akteur selbst bestimmt und nicht mehr unabhängig vom Subjekt definiert werden[2]. Unter *Erlebnisrationalität* versteht Schulze die Manipulation der äußeren Umstände, um innere Prozesse auszulösen, die schöne Erlebnisse zum Ziel haben (1993: 413).

Schulze beobachtet eine soziale Expansion der Erlebnisorientierung von wenigen privilegierten Schichten auf immer größere Teile der Bevölkerung. Erleben beansprucht einen großen Anteil am Zeitbudget und dringt in viele Bereiche des Alltags vor. Erlebnisorientierung rückt ins Zentrum der persönlichen Werte. Sie wird zum Maßstab über Wert und Unwert des Lebens und definiert letztendlich den Sinn des Lebens (2005: 59).

Schulze betrachtet Erlebnisorientierung als die unmittelbarste Form der Suche nach Glück. Für seine Investition von Geld, Zeit und Aktivität erwartet der Mensch fast im selben Moment einen Gegenwert. Er stellt sich mit dem Vorhaben, etwas zu erleben, allerdings eine Aufgabe,

---

[2] Rössel kritisiert Schulzes Vorstellung, dass Nutzen auch außenorientiert definiert werden kann und sieht das Individuum generell als entscheidenden Bezugspunkt für die Beurteilung von Nutzen an: „Die objektiven Merkmale von Gütern erzeugen nur dann einen Nutzen, wenn sie auf subjektive Dispositionen bezogen werden." Aus diesem Grund erscheint ihm die Gegenüberstellung von Innen- und Außenorientierung, die im Zentrum von Schulzes Definition von Erlebnisorientierung steht, als fragwürdig (2003: 84-85).

die nicht leicht zu bewältigen ist. Am Anfang eines Erlebnisprojekts steht eine Unsicherheit, die eng mit der mangelnden Konkretisierung der Erlebnisabsicht verbunden ist, und am Ende ein Enttäuschungsrisiko - die Gefahr der nicht erfüllten Erwartung (2005: 14). „Es genügt uns nicht mehr, begehrte Objekte zu bekommen; erst dann sind wir am Ziel, wenn sie in gewünschter Weise auf uns wirken" (1993: 409).

Durch Reflexion sollen Ursprungserlebnisse auf eine Weise betrachten werden, die sie als schön erscheinen lässt. Unsicherheit entsteht dadurch, dass Reflexion eine Anschauungsweise erfordert. Das Individuum kann angesichts der Unzahl von Alternativen jedoch schwer abschätzen, welches Erlebnis den größten Erlebnisnutzen verspricht. In dieser Phase der Orientierungslosigkeit tendiert es dazu, sein Verhalten an den Entscheidungen von „Gleichgesinnten" auszurichten und sich gängiger, sozial eingeübter Formen der Selbstanschauung zu bedienen. Es öffnet sich in der Erlebnisgesellschaft oft unbewusst kollektiven Schematisierungen und übernimmt intersubjektive Muster (1997: 52-58).

3.3. Individualität und Kollektivität

Die Herausbildung von Handlungsstrategien, die sich nicht mehr an externen Kriterien der Zweckmäßigkeit, sondern an persönlichen Vorlieben orientieren, führt nach Schulze nicht zu einer fortschreitenden Individualisierung der persönlichen Verhaltensmuster und damit zu einer unüberschaubaren Pluralität von Existenzweisen und Lebensstilen, sondern im Gegenteil zu einer Anlehnung an soziale Gruppen.

Individuelles Handeln mit dem alleinigen Ziel der Erlebnissteigerung würde unweigerlich zu Enttäuschung und Verunsicherung führen - einerseits, weil mit jeder Erfüllung eines Erlebniswunsches die Gefahr des Verblassens der Befriedigung wachsen und andererseits auch die Unsicherheit über die Beschaffenheit der eigenen Wünsche zunehmen würde. Um diesen Gefahren entgegen zu wirken, bildet das Subjekt zum einen stabile individuelle Erlebensgewohnheiten heraus und zum anderen werden diese habitualisierten Erlebniswünsche im Austausch mit gleichgesinnten Interaktionspartnern einer sozialen Gruppe stabilisiert (Honneth 1992: 523-524).

Die Entstehung dieser intersubjektiven Erlebensmuster wird durch die Strategien der Erlebnisanbieter begünstigt. Auf die Erlebnisnachfrage, d. h. auf „marktmäßig organisiertes

erlebnisorientiertes Handeln, das die Aneignung von Erlebnisangeboten zum Ziel hat"
(Schulze 2005: 42) reagieren die Erlebnisanbieter mit Schematisierungen. Sie „versehen
Produkte mit Attributen, die an bestimmte alltagsästhetische Schemata appellieren" (1993:
417-418) und orientieren sich dabei an der Publikumswirksamkeit. Im Gegensatz zu den
innenorientierten Konsumenten agieren die Erlebnisanbieter, meist korporative Akteure aus
dem Bereich der Wirtschaft, Kulturpolitik oder der Massenmedien, außenorientiert (2005:
425).

In der zunehmenden Verschiedenartigkeit der Menschen sieht Schulze ein Indiz für eine neue
grundlegende Gemeinsamkeit. Individualisierung bedeutet für ihn „nicht Auflösung, sondern
Veränderung von Formen der Gemeinsamkeit". Alle zentralen Aussagen zu seiner
„Erlebnisgesellschaft" betrachtet er als Versuche, intersubjektive Strukturen der
gegenwärtigen Gesellschaft zu rekonstruieren (2005: 35 bzw. 24).

3.4. Die Auflösung alter und die Herausbildung neuer Gesellschaftsstrukturen

In den Jahren nach 1945 mussten sich die meisten Menschen mit dem Problem des
Überlebens und der Wiedergewinnung normativer Ordnung auseinander setzen. Die Arbeit
als Sinn des Lebens zu betrachten verband das materielle mit dem ideellen Problem. Die
Wiederbelebung der Arbeitsgesellschaft stellte die Hierarchie von sozioökonomischen
Schichten wieder her. Die soziale Wahrnehmung war auf die Unterscheidung von einem
Mehr bzw. Weniger an Einkommen, Befugnissen, Qualifikationen, Prestige und Ausstattung
mit Gütern fixiert: „Das Zeichensystem der Besitzgegenstände war noch aussagekräftig" und
erlaubte die Zuordnung zu einer sozialen Schicht (Schulze 1994: 9-10).

Nach Schulze verlor die industriegesellschaftliche Schichtung sozialer Milieus in den 1960er
Jahren ihre hierarchische Eindeutigkeit. Allmählich zeichnete sich eine neue Sozialwelt ab, in
der dem Bereich der Subjektivität - Stilfragen, Ansichtssachen, Lebensphilosophien,
Erlebnispräferenzen - immer größere Bedeutung zukam (1994: 11). Entgrenzung, d.h. die
Vervielfältigung der Möglichkeiten, ist „die allgemeinste Formel, auf die sich der Wandel des
Alltagslebens seit dem Kriegsende bringen läßt". Schulze sieht den Wählenden als
paradigmatische Gestalt der Gegenwart (1993: 406-407).

Während in der Industriegesellschaft die dominante Gliederung der Gesellschaft in
hierarchisch angeordneten sozialen Schichten bestand, gruppieren sich in der

Erlebnisgesellschaft die Menschen über das Kriterium der Ähnlichkeit, wobei sie sich an leicht kodierbaren Zeichen - Alter, Bildung, persönlichem Stil und Situationsmanagement - orientieren (1994: 9-13).

Schulze betrachtet in dieser stark individualisierten Gesellschaft die Erlebnisrationalität als Gemeinsamkeit aller Akteure (2005: 40-41). Bei der Verarbeitung der Erlebnisse stellt sich jedoch eine Unsicherheit durch die Offenheit der Reflexionsform ein, die ein ästhetisches Anlehnungsbedürfnis erzeugt, das sich in Mentalitäten, Gruppenbildungen und typischen Handlungsstrategien niederschlägt (2005: 61-62).

Durch die Bereitschaft, kollektive oder institutionelle Orientierungshilfen zu übernehmen, entwickelt sich ein Geflecht von Gemeinsamkeiten, das alltags-ästhetische Schemata, d. h. intersubjektive Zeichen-Bedeutungs-Verbindungen (2005: 53), soziale Milieus, typische Existenzformen, existentielle Anschauungsweisen, Rationalitätstypen, Zeichenkosmen, Szenen (2005: 35) sowie die „fundamentale Semantik", ein elementares Kategoriensystem zur Beurteilung von Ähnlichkeit bzw. Unähnlichkeit und zur Herstellung innerer Konsistenz (1993: 414), umfasst[3]. Diese Phänomene bezeichnet Schulze als „Ordnungskonstruktionen im Orientierungsvakuum" (1993: 415).

Ergab sich früher die Milieuzugehörigkeit „fast zwangsläufig aus den äußeren Lebensverhältnissen", ordnet sich das Individuum nun einer sozialen Gruppe durch Beziehungswahl zu, wobei Alter, Bildung und Alltagsästhetik als evidente und signifikante Zeichen eine zentrale Rolle spielen, während die Stellung im Produktionsprozess und die Höhe des Einkommens keinen Einfluss auf die Gruppenzugehörigkeit mehr ausüben (Schulze 2005: 176 und X). Die über-wiegende Mehrheit der Bevölkerung verfügt nach Schulze über ausreichende Ressourcen, um ihren Lebensstil zu kultivieren und nach Belieben zu symbolisieren (2005: 68-70).

In diesen Milieus, in denen sich große Personengruppen mit ähnlichen subjektiven und situativen Merkmalen zusammenfinden und die sich durch erhöhte Binnenkommunikation und typische Existenzformen voneinander abheben, sieht Schulze jene erlebnissignifikanten Zeichenkonfigurationen verdichtet, an denen sich die Menschen subjektiv orientieren (2005: 23 bzw. 73).

---

[3] Rössel kritisiert Schulzes Versuch, ganze Gesellschaften durch nur eine konsistente Semantik, hier durch psychophysische Semantik, die die ökonomische abgelöst hat, zu charakterisieren (2003: 90-91).

Schulze stellt bei seiner Analyse der Gesamtkonstellation kein horizontales Nebeneinander, aber auch keine klare Hierarchie fest. Er sieht Vertikalität in unserer Gesellschaft durch eine Alterszone um die Lebensmitte herum gespalten: „Innerhalb der Altersgruppen bestehen deutliche milieuspezifische Unterschiede sozialer Lagen, nicht jedoch zwischen den Altersgruppen" (2005: 23).

Schulze beschreibt fünf Milieus, die sich situativ nicht nur nach Lebensalter und Bildung, sondern auch nach alltagsästhetischen Schemata, grundlegenden Persönlichkeitsdispositionen und Wertvorstellungen wie Genussweise, Lebensphilosophie und Distinktion unterscheiden (2005: 277).

Bei der Zuordnung zu einem sozialen Milieu geht es den Individuen nicht um eine Dokumentation der eigenen normativen Orientierungen über die Milieuzugehörigkeit oder um eine symbolische Abgrenzung von anderen durch die eigene Alltagspraxis, sondern lediglich um Orientierungssicherheit, d. h. um die Möglichkeit, die eigenen Entscheidungen an den Handlungen bzw. Erlebnisroutinen von „Gleichgesinnten" auszurichten (Volkmann 2006: 230).

Schulze unterscheidet zwischen Hochkultur-, Trivial- und Spannungsschema und ermittelt die Milieuzugehörigkeit anhand der Nähe bzw. Distanz zu diesen drei Schemata. Für die Benennung der fünf Milieus wählt er die Begriffe *Niveau, Harmonie, Integration, Selbstverwirklichung* und *Unterhaltung*, womit ein zentraler Aspekt des Subjekts, die im Milieu dominierende „normale existentielle Problemdefinition", zum Ausdruck gebracht werden soll (2005: 281).

Das Niveaumilieu zeichnet sich durch eine Nähe zum Hochkulturschema aus. Vor allem Personen mit höherer Bildung jenseits der 40 ordnen sich dieser Gruppe zu, in der Zeichen des Trivial- sowie des Spannungsschemas verpönt sind. Parallelen zum Bildungsbürgertum lassen sich z. B. im Streben nach Rang, Perfektion und Verfeinerung festmachen. Kunstgenuss gilt als schönes Erlebnis, wobei eine Distinktion gegenüber allem Nicht-Kultivierten und Trivialen zu beobachten ist (2005: 283-291).

Im Harmoniemilieu finden sich vorwiegend ältere Personen mit Schulbildung unterhalb der mittleren Reife. Nähe besteht zum Trivialschema bei deutlicher Distanz zum Hochkulturschema. Die Existenzform dieser sozialen Großgruppe erscheint in vielen Details

unterschichttypisch und weist Parallelen zum Arbeitermilieu auf. Die Akteure streben nach Gemütlichkeit, Beständigkeit, Geborgenheit und Harmonie. Abgelehnt werden Exzentrizität und Experimente. Selbstverwirklichung erscheint in der Regel nicht als primäres Ziel (2005: 292-299).

Im Integrationsmilieu verbindet sich das Hochkultur- mit dem Trivialschema bei einer moderaten Distanz zum Spannungsschema. Kennzeichen dieses Milieus, in dem hauptsächlich ältere Personen mit mittlerer Bildung anzutreffen sind, ist die Durchschnittlichkeit. Das Integrationsmilieu betreibt nach Schulze „das Projekt der Wiedergewinnung von Konformität aus Lust an der Anpassung". Als typisch kann das Kombinieren von Stilelementen anderer Milieus angesehen werden (2005: 301-320).

Als Antityp zur Existenzform des Harmoniemilieus betrachtet Schulze das Selbstverwirklichungsmilieu. Hier finden sich Jüngere und Gebildete, deren Stiltypus in der Nähe des Hochkultur- und Spannungsschemas mit deutlicher Distanz zum Trivialschema anzusiedeln ist. Der „Grenzverkehr zwischen verschiedenen alltagsästhetischen Zeichen- und Bedeutungskosmen" ist typisch, ebenso antibarbarische und antikonventionelle Distinktion. Die Akteure dieses Milieus streben nach Originalität und Individualität, ihr Genussschema verfügt über Kontemplation und Action, als Lebensphilosophie werden sowohl Perfektion als auch Narzissmus betrachtet (2005: 312-320).

Im Unterhaltungsmilieu finden sich vorwiegend jüngere Menschen mit niedrigem Schulabschluss. Ihre Alltagsästhetik steht weitgehend im Zeichen des Spannungsschemas und geht zu den übrigen Schemata auf Distanz. Schulze konstatiert eine Tendenz zum „Verschwinden in Angebotsfallen [...], die reines Aktiviert-Werden ohne ästhetische Dekodierungsarbeit verheißen", wie Kino, Kneipen oder Fitnessstudios. Antikonventionelle Distinktion und narzisstische Lebensphilosophie sind auch hier zu beobachten, allerdings „Distinktion ohne Distanzierung gegenüber dem Barbarischen" und „Narzißmus ohne Anspruch auf Selbstvervollkommnung" (2005: 322-329).

3.5. Wege aus der Erlebnisgesellschaft

Gegenwärtig sind zwei einhergehende Entwicklungen zu beobachten: Einerseits eine immense Erweiterung der Kaufoptionen, die milieuspezifische Erlebnisbedürfnisse befriedigt, und andererseits eine Standardisierung der Angebote durch die von Ritzer beschriebene

20

McDonaldisierung. Der Konsument bleibt in jeder Hinsicht „auf der Strecke", da weder die hektische Jagd nach schönen Erlebnissen noch ein „effizienz- und verlässlichkeitsorientiertes Kaufverhalten" zu Befriedigung führen (Schimank 2006a: 19-20).

Schulze bezeichnet die Erlebnisgesellschaft als Übergangszustand und geht davon aus, dass sich das Denken in den nächsten Jahren wieder stärker von innen nach außen wenden wird. Als Ursache dafür sieht er ökologische und ökonomische Probleme, die jene Entgrenzung, die am Anfang der Erlebnisgesellschaft stand, wieder rückgängig machen werden. Schulze schlägt „gänzlich unsoziologisch" drei Selbstversuche gegen die Bewegungen der Erlebnisgesellschaft vor: erstens das Setzen von Zielen, die außerhalb der eigenen Person liegen (z. B. eine Fahrradreparatur), zweitens nicht das Bekämpfen, sondern das Genießen von Wiederholungen und drittens Lernen, wieder „mit einem Nichts zu spielen" (1993: 418-419).

3.6. Ergänzende Gedanken aus dem Jahr 2005

Nach Schulze hat im Jahr 2005 die neue Angst vor dem Weniger die alte Angst vor dem Zuviel in den Hintergrund gedrängt. Auch Menschen mit guter Ausbildung und hohem Lebensstandard fürchten den sozialen Abstieg. „Armut kann jetzt auch jene treffen, die das Projekt des schönen Lebens für sich schon verwirklicht hatten" (2005: I-IV). Überfluss und Verarmungspanik gehen Hand in Hand. Oftmals wird eine bloße Verlangsamung der Verbesserung schon als Verschlechterung gefühlt (2005: XV).

Die größte Veränderung der Erlebnisgesellschaft sieht Schulze in ihrem handlungslogischen Kern, der Erlebnisrationalität. Er beobachtet 2005 eine weiter entwickelte, verfeinerte Form der Erlebnisgesellschaft, die sich durch einen Trend zur Entschleunigung, eine zunehmende Wertschätzung der Zeit, neue Denkmuster wie *Weniger statt Mehr* oder *Einzigartigkeit statt Standardisierung* sowie einen Wandel des Konsumverhaltens ausdrückt. Der Aufenthalt in der Erlebnisgesellschaft von heute muss nicht mehr zwangsläufig Geld kosten. Subjektzentrierte Sportarten wie Wandern treten an die Stelle von kostenintensiven Freizeitaktivitäten (2005: VIII-IX).

Geblieben ist im Jahr 2005 die Entstehung sozialer Milieus nicht durch Beziehungsvorgabe, sondern durch Beziehungswahl. Alter, Bildung und Alltagsästhetik sind nach wie vor evidente und signifikante Zeichen in der sozialen Interaktion (2005: VIII). Schulze sieht die

westliche Kultur von Stiltypen und Milieus geprägt, die mit einem vertikalen Modell nicht erklärbar sind, sondern vom Lebensalter und einer Verschiebung der Interessen im Lauf des Lebens abhängen. Je mehr die Wahlmöglichkeiten für immer größere Anteile der Bevölkerung zunehmen, desto weniger sind Milieus etwas „strukturell Gegebenes" (2005: XIX-XXI).

Deutschland ist auch im Jahr 2005 keine klar gegliederte „Oben-Unten-Gesellschaft": „Die materiell Gleichgestellten sind kulturell zu heterogen und die kulturell Ähnlichen materiell zu ungleich, als daß das Modell der geschichteten Gesellschaft noch passen würde." Zu beobachten ist jedoch eine neue Linie der Distinktion. Nicht mehr die Unterschicht wird mit Herablassung gestraft, sondern die „Glücksversager" – all jene, die nicht genug Stil und Verstand haben, ihr Leben sinnvoll zu gestalten und es zu genießen (2005: XIV-XVII). Geblieben ist ebenso eine schon im Jahr 1992 verbreitete Einstellung: Für viele Menschen ist das Projekt des schönen Lebens auch im Jahr 2005 immer noch oberstes Ziel und das Erleben die dominante Form, Sinn zu definieren (2005: VIII).

4. Gegenüberstellung der beiden Gegenwartsdiagnosen

Beck und Schulze gehen in ihren Studien von derselben Ausgangssituation aus: Beide sehen die frühere Mangelgesellschaft durch Wirtschaftswachstum über-wunden. Bildungsexpansion, Wohlfahrtsaufschwung und ein Ansteigen des individuellen Einkommens haben zu einer Teilhabe der Angehörigen der unteren sozialen Schichten an den früheren Privilegien der Mittel- und Oberschicht beigetragen. Sowohl Schulze als auch Beck beobachten jedoch eine nach wie vor bestehende soziale Ungleichheit in westlichen Gesellschaften, allerdings betrachten sie deren prägende Wirkung auf die Lebensgestaltung der Gesellschaftsmitglieder durch die allgemeine Anhebung des Lebensstandards als abgeschwächt (Volkmann 2006: 233).

Beck sieht durch die Zunahme an Geld und Freizeit eine Durchmischung der „traditionalen Tabuzonen klassen- und familienbestimmten Lebens". Im Massenkonsum verschwimmen die Grenzen der sozialen Kreise und lassen unter-schiedliche Konsumstile an die Stelle von Klassengrenzen treten. Er betrachtet die gegenwärtige Wohlstandsgesellschaft nach wie vor als geschichtete bzw. als Klassengesellschaft. Durch den „Fahrstuhl-Effekt" wurden die großen Gruppen der Gesellschaft insgesamt um eine Etage nach oben gefahren, wobei die

22

Ungleichheitsrelationen zwischen ihnen unverändert blieben (1986: 117-125). Neue gesellschaftliche Strukturen entstehen in der von ökologischen Gefährdungen bedrohten Risikogesellschaft durch die „Bindekraft der Angst",z. B. in Form von Bürgerinitiativen (1986: 65-66).

Schulze konstatiert mit ansteigendem Lebensstandard eine Verschiebung von der Überlebensorientierung hin zur Erlebnisorientierung, wobei das Projekt des schönen Lebens zum Massenphänomen wird. Mit dem Begriff *Entgrenzung* bringt er die Vervielfältigung der Möglichkeiten ins nahezu Unermessliche auf den Punkt. Das Subjekt kann zwischen verschiedenen Alternativen frei wählen, wobei seine Entscheidungen durch Innenorientierung motiviert sind und jene Möglichkeit mit dem größten vermuteten Erlebnisnutzen im Auge haben. Intensiver als Beck beschäftigt sich Schulze mit den unterschiedlichen Konsumstilen und Erlebnismustern und macht sie zum Ausgangspunkt seiner Einteilung der Gesellschaft in fünf soziale Milieus: Niveau-, Harmonie-, Integrations-, Selbstverwirklichungs- und Unterhaltungsmilieu, wobei sich die Individuen anhand leicht kodierbarer Zeichen selbst einem Milieu zuordnen. Schulze betrachtet die deutsche Gesellschaft nicht als horizontales Nebeneinander, aber auch nicht als hierarchisch angeordnet und sieht die Vertikalität durch eine Alterszone um die Lebensmitte herum gespalten.

Sowohl Beck als auch Schulze stellen in ihren Studien eine Enttraditionalisierung, eine Individualisierung und die Entstehung neuer Formen von Kollektivität fest. Beide beobachten die Herausbildung neuer Handlungsstrategien durch veränderte Situationen sowie einen permanenten Entscheidungsdruck durch die Konfrontation mit unzähligen Möglichkeiten.
Beck sieht die Individuen aus traditionellen industriegesellschaftlichen Sozialformen – Klasse, Schicht, Familie, Geschlechtslagen von Männern und Frauen – freigesetzt. Durch diese Individualisierung ergeben sich für den Einzelnen sowohl neue Handlungsspielräume als auch Risiken. Den erweiterten Chancen steht jedoch der Zwang, sich für eine Alternative zu entscheiden, gegenüber: „Die *Möglichkeit der Nichtentscheidung wird der Tendenz nach unmöglich*" (1986: 1990).

Neue Freiräume erwachsen den Mitgliedern der Unterschicht durch die Teilhabe an den ehemaligen Privilegien der „Bessergestellten". Die Bildungsexpansion kommt nicht nur den Nachkommen der Arbeiterschicht und den Frauen zugute, sondern auch den Männern: Sie werden durch die Berufstätigkeit der Frauen von der Pflicht, alleine für die Familie zu sorgen,

entlastet, allerdings (verstärkt) in Haushalt und Kinderbetreuung eingebunden. Der *Umbruch im Verhältnis von Arbeit und Leben*" beschert beiden Geschlechtern mehr finanzielle Spielräume, mehr Freizeit und weniger Erwerbsarbeitszeit.

Beck beobachtet eine *Individualisierung sozialer Ungleichheit,* die die Herausbildung neuer Handlungsstrategien erfordert: Der Einzelne muss sich als Handlungszentrum und Planungsbüro begreifen, in dessen alleiniger Verantwortung soziale Position, Lebenslauf sowie Lebensstil liegen.

Seit den 1980er Jahren stellt Beck einen „Fahrstuhl-Effekt nach unten" fest, der die Arbeitnehmer mit erhöhten Anforderungen an Mobilität, Flexibilität und Weiterbildung konfrontiert und verschiedene Modelle der pluralen Unterbeschäftigung entstehen lässt (1986: 117-128 und 149). Neue Formen der Kollektivität sieht Beck z. B. in Bürgerinitiativen oder „Solidargemeinschaften der Angst" (1986: 65-66).

Schulze beschreibt das Verschwimmen alter und die Herausbildung neuer Gesellschaftsstrukturen. Nach der Auflösung der hierarchischen Eindeutigkeit der sozialen Milieus in den 1960er Jahren beobachtet er eine Gruppierung der Menschen durch Beziehungswahl, wobei sich die Individuen an Alter, Bildung, persönlichem Stil und Situationsmanagement orientieren (1994: 9-13).

Durch die Zunahme an finanziellen Mitteln und Möglichkeiten sieht Schulze den Wählenden als paradigmatische Gestalt der Gegenwart (1993: 406-407). Die Mehrheit der Bevölkerung verfügt über ausreichende Ressourcen, um ihren individuellen Lebensstil zu kultivieren. Ihre Entscheidungen sind innenorientiert und auf den größten Erlebnisnutzen ausgerichtet. Auf der Jagd nach befriedigenden Erlebnissen wird das Subjekt in einen permanenten Entscheidungssog gerissen und mit dem Gefühl der Desorientierung und Verunsicherung konfrontiert. „Das Projekt des schönen Lebens entpuppt sich als etwas Kompliziertes" (Schulze 2005: 35). In dieser Phase der Orientierungslosigkeit erhöht sich die Bereitschaft, kollektive Vorgaben und Beurteilungsmaßstäbe zu übernehmen und sich einer Gruppe von „Gleichgesinnten" anzuschließen. Individualität und Kollektivität existieren nach Schulze demnach parallel und sind kein Widerspruch (Reese-Schäfer 2006: 420).

24

Erhöhter Orientierungsbedarf besteht nach Beck und Schulze sowohl in der Risiko- als auch in der Erlebnisgesellschaft.

Beck sieht durch die Herauslösung der Individuen aus traditionellen Bindungen die innergesellschaftlichen Normen und Orientierungshilfen, die bislang Verhaltenssicherheit gegeben haben, außer Kraft gesetzt. Der Einzelne wird zum Planungsbüro und ist für seine Existenzsicherung und Biographieorganisation alleine verantwortlich (1986: 209-211). Zudem bemerkt Beck in der Weltrisikogesellschaft einen neuen „tragischen" Individualisierungsschub: das Individuum muss als „verantwortlicher Konsument" Entscheidungen über nicht abschätzbare Risiken treffen, z. B. über den Verzehr gentechnisch veränderter Lebensmittel. Die Auflagensteigerungen von Verbraucherzeitschriften sieht Beck als Zeichen eines erhöhten Orientierungsbedarfs an (2007: 107).

Schulze beschäftigt sich in seiner Studie mit dem Orientierungsbedarf der Individuen im Konsum- und Freizeitbereich. In der Erlebnisgesellschaft werden Angebote nicht mehr wegen ihres Gebrauchswertes, sondern wegen des vermuteten Erlebnisnutzens nachgefragt, der zum einen vom Ursprungserlebnis und zum anderen von der Reflexion über dieses Erlebnis abhängt. Die Unsicherheit im Hinblick auf beide Faktoren erzeugt im Individuum ein ästhetisches Anlehnungsbedürfnis und die Bereitschaft, kollektive Orientierungshilfen in Anspruch zu nehmen. Das Individuum ordnet sich durch Beziehungswahl selbst einem sozialen Milieu zu, wobei nicht nur Alter und Bildung, sondern auch Erlebnisroutinen Kriterien für Nähe bzw. Distanz darstellen (2005: 61-62 bzw. 176).

Ein Machtungleichgewicht zwischen den Mitgliedern einer Gesellschaft und den korporativen Akteuren, d. h. zwischen Individuen und Organisationen, sehen beide Soziologen (Volkmann 2006: 234).

Beck beleuchtet die Zwänge des Arbeitsmarktes und der Konsumexistenz, die die individualisierten Akteure „zum Spielball von Moden, Verhältnissen, Konjunkturen und Märkten machen" (1986: 211).

Schulze beschreibt das Aufeinandertreffen der innenorientierten Erlebnisrationalität der Individuen mit den außenorientierten Handlungsstrategien der Erlebnisanbieter. Während sich die Anbieter auf die Bedürfnisse der Konsumenten einstellen bzw. Bedürfnisse kreieren,

haben die Erlebnissucher keine wirksame Einflussmöglichkeit auf die Produzenten. Wenig optimistisch konstatiert Schulze: „Man kann den Erlebnismarkt nicht steuern, sondern höchstens verlassen" (2005: 424).

In aktuellen Publikationen nehmen Beck und Schulze Bezug auf ihre Gegenwartsdiagnosen von 1986 bzw. 1992.

Beck gibt in seiner „Weltrisikogesellschaft" von 2007 keine Entwarnung. Er sieht die Gesellschaft nach wie vor durch ökologische Risiken bedroht und bezeichnet seine Prognosen von 1986 als „Realitätsdrehbuch" (2007: 177-178). Entschärfung sieht Beck auch nicht hinsichtlich der sozialen Ungleichheit. Er beobachtet in der Weltrisikogesellschaft ein ungleiches Ausgeliefertsein an Risiken, von dem gerade die ohnehin Unterprivilegierten aufgrund ihrer sozialen Verwundbarkeit stärker betroffen sind als andere (2007: 317-318).

Schulze sieht im Jahr 2005 auch Individuen, die das Projekt des schönen Lebens für sich schon verwirklicht hatten, trotz guter Ausbildung nicht vor Arbeitslosigkeit und sozialem Abstieg gefeit. Eine Verlangsamung der Verbesserung wird oftmals schon als Verschlechterung gefühlt.

Veränderungen beobachtet Schulze in der Erlebnisrationalität: einen Trend zur Entschleunigung, eine neue Wertschätzung der Zeit und einen Wandel im Konsumverhalten hin zu Freizeitaktivitäten, die nicht mehr zwangsläufig Geld kosten. Schulze stellt 2005 auch eine neue Linie der Distinktion fest: nicht mehr die Unterschicht wird mit Herablassung behandelt, sondern die „Glücksversager", denen es an Stil und Verstand mangelt, das Projekt des schönen Lebens zu verwirklichen (2005: VIII-XXI).

Wege aus der Risiko- bzw. der Erlebnisgesellschaft sehen beide Soziologen nur durch Eigeninitiative der Individuen.

Beck fordert ein *„aktives Handlungsmodell des Alltags"*, in dem der Einzelne sich selbst als Handlungszentrum begreift und gesellschaftliche Determinanten durch individuelle Maßnahmen abschwächt oder außer Kraft setzt (1986: 217). In Form von Bürgerinitiativen und neuen sozialen Bewegungen sieht er eine politische Kultur heranwachsen, die die

26

(Berufs-)Politik nicht mehr als alleinigen Gestaltungsort für die gesellschaftliche Zukunft anerkennt (1986: 371-372).

Schulze sieht in dem Verzicht, immer spektakuläreren Erlebnisangeboten hinterher zu jagen und dem Achten auf Zweckmäßigkeit und Schlichtheit der Produkte bzw. Erlebnisse eine Möglichkeit, die Mechanismen der Erlebnisgesellschaft zu durchbrechen (1993: 418-419).

Schimank macht auf die ökologische Sicht des erlebnisorientierten Konsums aufmerksam, die weder Schulze noch Beck unmittelbar thematisieren. Einerseits nimmt mit Wiederholung von Freizeit- und Konsumaktivitäten die Erlebnisintensität ab, so dass es zu einem ökologisch problematischen Anstieg des Erlebniskonsums kommt. Andererseits betrachtet Schimank ökologisches Handeln als motivierbar, wenn es den Individuen als besonderes Erlebnis vermittelt wird, z. B. der intensive Genuss von Gemüse aus biologischem Anbau (2006: 171-173).

27

5. Schluss

Das Ziel dieser Hausarbeit war ein Vergleich von Ulrich Becks „Risikogesellschaft" mit Gerhard Schulzes „Erlebnisgesellschaft". Dabei konnten in vielen Aspekten Überschneidungen bzw. Ergänzungen beobachtet werden.

Beide Soziologen nehmen die westdeutsche Wohlstandsgesellschaft der 1980er Jahre als Ausgangspunkt für ihre Studien, wobei sie jedoch unterschiedliche Schwerpunkte setzen. Beck konzentriert sich über weite Strecken seiner Arbeit auf die von der Gegenwartsgesellschaft selbst produzierten Modernisierungsrisiken, während Schulze Konsum und Freizeit in das Zentrum seiner Betrachtung rückt. Trotz der Beleuchtung verschiedener gesellschaftlicher Aspekte lassen sich Anknüpfungspunkte für Vergleiche zwischen den Gegenwartsdiagnosen von Beck und Schulze finden.

Beobachtet wird in beiden Diagnosen eine Anhebung des allgemeinen Lebensstandards unter Beibehaltung der sozialen Unterschiede. Durch die Zunahme an Geld und Freizeit kommt es zu einer Aufweichung der traditionellen Klassengrenzen. Beck sieht die Entstehung neuer Formen der Kollektivität z. B. in „Solidargemeinschaften der Ängstlichen" oder in Bürgerinitiativen, während sich nach Schulze fünf soziale Milieus herausbilden, denen sich die Individuen anhand leicht kodierbarer Zeichen durch Beziehungswahl selbst zuordnen.

Die Entstehung neuer Handlungsstrategien lässt sich in beiden Gesellschaften beobachten. In der Risikogesellschaft entwickelt das Individuum nach der Herauslösung aus traditionellen Bindungen als Manager seiner eigenen Lebensführung neue Handlungsstrategien, um den veränderten Anforderungen in Beruf, Familie und Konsum gerecht zu werden. In der Erlebnisgesellschaft löst der Umschlag von Handeln in Erleben die außenorientierte Handlungsrationalität durch eine innenorientierte ab. Angestrebt werden Erlebnisse mit einem maximalen Erlebnisnutzen.

Die Zunahme an Möglichkeiten hat einerseits den Zwang, zwischen Alternativen zu wählen, und andererseits Verunsicherung und Desorientierung zur Folge. In diesem „Orientierungsvakuum" (Schulze) greift der Einzelne auf kollektive Vorgaben und Bewertungsmaßstäbe zurück. In der Risikogesellschaft beobachtet Beck eine Auflagensteigerung von Verbraucherzeitschriften, in der Erlebnisgesellschaft bedingt ein

ästhetisches Anlehnungsbedürfnis der Individuen nach Schulze die Herausbildung von und die Orientierung an den fünf von ihm beschriebenen Milieus.

Während Beck seine Prognosen von 1986 als „Realitätsdrehbuch" bezeichnet und hinsichtlich der von ihm geschilderten Bedrohungen keine Entwarnung gibt, beobachtet Schulze seit Erscheinen seines Buches im Jahr 1992 eine Entschleunigung in der Erlebnisrationalität und einen Wandel im Konsumverhalten. Beide Soziologen betonen ein nach wie vor existentes Machtungleichgewicht der Organisationen über die Gesellschaftsmitglieder.

Schimank sieht die Aufgabe der Gegenwartsdiagnosen darin, den Mitgliedern einer Gesellschaft generelles Orientierungswissen zur Deutung gesellschaftlicher Phänomene zur Verfügung zu stellen und Möglichkeiten aufzuzeigen, in die gesellschaftlichen Verhältnisse einzugreifen (2000: 13). Hier erkennen auch Beck und Schulze Gestaltungspotential und Wege, institutionalisierte Mechanismen zu durchbrechen: Nur durch Eigeninitiative der Individuen ist es ihrer Meinung nach möglich, die Belastungspotentiale der Risiko- bzw. der Erlebnisgesellschaft zu überwinden.

29

6. Literaturverzeichnis

Beck, Ulrich, 1986: Risikogesellschaft. Auf dem Weg in eine andere Moderne. Frankfurt/Main: Suhrkamp Taschenbuch Verlag (edition suhrkamp 1365, Neue Folge Band 365).

Beck, Ulrich, 1993: Die Erfindung des Politischen. Zu einer Theorie reflexiver Modernisierung. Frankfurt/Main: Suhrkamp Verlag (edition suhrkamp 1780, Neue Folge Band 780).

Beck, Ulrich, Giddens, Anthony, Lash, Scott, 1996: Reflexive Modernisierung. Eine Kontroverse. Frankfurt am Main: Suhrkamp Verlag (es 1705, edition suhrkamp, Neue Folge Band 705).

Beck, Ulrich, 2007: Weltrisikogesellschaft. Auf der Suche nach der verlorenen Sicherheit. Frankfurt/Main: Suhrkamp Verlag. Edition Zweite Moderne.

Deutschmann, Christoph, 2006: Money makes the world go round. In: Sozio-logische Gegenwartsdiagnosen II. Vergleichende Sekundäranalysen. Lehrbuch. Hrsg. Ute Volkmann und Uwe Schimank. Wiesbaden: VS Verlag für Sozial-wissenschaften. Unveränderter Nachdruck der 1. Auflage von 2002, S 51-67.

Honneth, Axel, 1992: Soziologie. Eine Kolumne. Ästhetisierung der Lebens-welt. In: Merkur, Nr. 519, Heft 6, S. 522-527.

Lau, Christoph, 1989: Risikodiskurse. Gesellschaftliche Auseinandersetzun-gen um die Definition von Risiken. In: Soziale Welt. Band 40, Heft 3. Baden-Baden: 1989, S. 417-436.

Reese-Schäfer, Walter, 2006: Zur vergleichenden Analyse aktueller und älte-rer Zeitdiagnosen. In: Soziologische Gegenwartsdiagnosen II. Vergleichende Sekundäranalysen. Lehrbuch. Hrsg. Ute Volkmann und Uwe Schimank. Wies-baden: VS Verlag für Sozialwissenschaften.   Unveränderter   Nachdruck   der 1. Auflage von 2002, S. 411-434.

30

Rössel, Jörg, 2003: Die Erlebnisgesellschaft zwischen Zeitdiagnose und Sozialstrukturanalyse. In: Österreichische Zeitschrift für Soziologie. Jahrgang 28, Heft 3. VS-Verlag, Wiesbaden, S. 82-101.

Schimank, Uwe, 2000: Einführung. In: Soziologische Gegenwartsdiagnosen I. Eine Bestandsaufnahme. Studienbrief der FernUniversität in Hagen, Fakultät für Kultur- und Sozialwissenschaften. Hrsg. Uwe Schimank und Ute Volk-mann. Hagen: FernUniversität 2000, S. 5-19.

Schimank, Uwe, 2006a: Gesellschaftliche Teilsysteme und Strukturdynami-ken. In: Soziologische Gegenwartsdiagnosen II. Vergleichende Sekundärana-lysen. Lehrbuch. Hrsg. Ute Volkmann und Uwe Schimank. Wiesbaden: VS Verlag für Sozialwissenschaften. Unveränderter Nachdruck der 1. Auflage von 2002, S. 15-46.

Schimank, Uwe, 2006b: Individuelle Akteure. Opfer und Gestalter gesell-schaftlicher Dynamik. In: Soziologische Gegenwartsdiagnosen II. Vergleichen-de Sekundäranalysen. Lehrbuch. Hrsg. Ute Volkmann und Uwe Schimank. Wiesbaden: VS Verlag für Sozialwissenschaften. Unveränderter Nachdruck der 1. Auflage von 2002, S. 367-389.

Schulze, Gerhard, 2005: Die Erlebnisgesellschaft. Kultursoziologie der Gegenwart. Frankfurt/Main: Campus Verlag. Um den Anhang gekürzte und mit einem Vorwort versehene 2. Auflage.

Schulze, Gerhard, 1992: Situationsmodi und Handlungsmodi. Konzepte zur Analyse des Wandels sozialer Ungleichheit. In: Zwischen Bewußtsein und Sein. Die Vermittlung „objektiver" Lebensbedingungen und „subjektiver" Lebensweisen. Hrsg. von Stefan Hradil. Opladen: Leske+Budrich. S. 67-80.

Schulze, Gerhard, 1993: Entgrenzung und Innenorientierung. Eine Einführung in die Theorie der Erlebnisgesellschaft. In: Gegenwartskunde. Zeitschrift für Gesellschaft, Wirtschaft, Politik und Bildung. Heft 42, Jahrgang 1993, S. 405-419.

Schulze, Gerhard, 1994: Der Weg in die Erlebnisgesellschaft. Metamorphosen der Sozialwelt seit den fünfziger Jahren. Erstmals abgedruckt in der Wochen-endausgabe der *Salzburger*

Nachrichten vom 30.4.1993. In: Das schöne Leben. Eine interdisziplinäre Diskussion von Gerhard Schulzes „Erlebnisgesellschaft". Hrsg. Ulrich Winkler. Thaur: Kulturverlag 1994, S. 9-16.

Volkmann, Ute, 2000a: Das schwierige Leben in der „Zweiten Moderne" – Ulrich Becks „Risikogesellschaft". In: Soziologische Gegenwartsdiagnosen I. Eine Bestandsaufnahme. Studienbrief der FernUniversität in Hagen, Fakultät für Kultur- und Sozialwissenschaften. Hrsg. Uwe Schimank und Ute Volk-mann. Hagen: FernUniversität, S. 20-38.

Volkmann, Ute, 2000b: Das Projekt des schönen Lebens – Gerhard Schulzes „Erlebnisgesellschaft. In: Soziologische Gegenwartsdiagnosen I. Eine Be-standsaufnahme. Studienbrief der FernUniversität in Hagen, Fakultät für Kultur- und Sozialwissenschaften. Hrsg. Uwe Schimank und Ute Volkmann. Hagen: FernUniversität, S. 73-87.

Volkmann, Ute, 2006: Soziale Ungleichheit. Die „Wieder-Entdeckung" ge-sellschaftlicher Ungerechtigkeiten. In: Soziologische Gegenwartsdiagnosen II. Vergleichende Sekundäranalysen. Lehrbuch. Hrsg. Ute Volkmann und Uwe Schimank. Wiesbaden: VS Verlag für Sozialwissenschaften. Unveränderter Nachdruck der 1. Auflage von 2002, S. 227-256.

Lightning Source UK Ltd.
Milton Keynes UK
UKHW041147070620
364508UK00002B/527